FRANCISCO TABOADA

Pequeños relojes blancos

Editorial Dilema
Madrid, 2024

Colección de poesía dirigida por Antonio Ortega

© Francisco Taboada, 2024
© Editorial Dilema, 2024
Ibáñez Marín, 11 - 28019 Madrid
Teléfonos: 91 472 90 71 y 670 36 74 79
info@editorialdilema.com
www.editorialdilema.com
ISBN: 978-84-9827-676-3
Depósito Legal: M-20471-2024

Diseño de colección: María Pérez-Aguilera
Diseño de portada: Esther Hernández
Maquetación: JMPG - jmpg731@gmail.com

A Paula

No se le puede decir nada al tiempo,
porque nunca ha querido saber nada
de nosotros; simplemente pasa
dejándonos abandonados.

Jim Harrison, *Regreso a la tierra*

Instante

Duermen los gorriones
su sueño de monumento
sobre estatuas de piedra

cuando despierta la luz
emprenden de nuevo el vuelo

esperan que el viento
les otorgue gravedad
suficiente
para la caída.

Sobre la mesa los fragmentos de los días
rotos, ordenados por su filo de corte
cada uno con el rastro de la herida
que le toca, su causa, su incidencia
el hilo de memoria que arrastra
su poder sobre el futuro que
ahora diseño con torpeza.

Otros pasaron, pero no estos,
condenados a la reverencia del pasado
su consistencia de pozo
la huella que han dejado en
lugares no encontrados todavía
pendientes del daño venidero.

Debo ajustar sus dolencias, procurar
que se entierren con los otros que fui
los otros que quedaron atrás
los yoes abandonados en la refriega
los caídos que no pude salvar:

habitantes del cementerio propio
donde ya crece la hierba.

He intentado dibujar
con precisión caligráfica
el plano de lo perdido
un mapa de las ausencias
detalle a detalle
circunstancia a circunstancia
buscando mis ubicaciones
dónde fui y dejé de ser
dónde enterré mis sucesivos
esqueletos, carne de mí,
cuerpos abandonados
creencias extintas
amor caducado
en fin, todos los finales

y después de mirar esas derrotas
he visto mi cara y su mirada
estos ojos, las arrugas, el gesto
amargo del tiempo transcurrido,
de la existencia que se consume
en sí misma, y qué breve,
qué breve ha sido la caída
escueto el paso, insignificante
la trayectoria, nulo del todo
el valor de lo cogido y lo dejado,

inútil el transcurrir, baldío
el paisaje, el territorio desierto,
mi plano casi en blanco, un mapa
cuyas débiles líneas
se borran al mirarlo.

Todo se me va a la boca
para lamerlo
saborearlo
y luego decir
decir por saber
de su sabor, aquí arriba,
que si no lo digo no sabe
no me nutre su existencia
es inútil que exista sin esa cercanía.

También cerco las cosas
para acercarlas
abrazarlas
y luego me integro
en ellas conmigo
su materia en mi piel
el tacto atraviesa sus poros
por esos huecos penetra en mí
hasta creer que soy todo lo que abrazo.

Pero fallo al entrar en mí
no puedo más adentro
del adentro
no logro adentrarme
como si hubiera un final

más allá del límite un borde
una caída un abismo una nada
algo sin tacto sin sabor ni saber
la esencia que llama, da miedo,
y se esconde.

No puedo olvidar que me miro
me contemplo desde una distancia corta
me reconozco por el hábito de verme
y me extraño por la incertidumbre
que contiene el aliento de cada instante.

Me agobia sentirme tan próximo
con los ojos atentos en lo que hago
preparado para seguirme, obedecerme
y a la vez rebelado, insumiso
dispuesto a que una sorpresa me transforme.

Me pesa esta cadena recibida
la mano que sujeta la correa
lanzar la piedra y recogerla
ladrarme para correr, morderme
y refrenarme, y estarme quieto.

No hay paz alguna, no estoy contento,
la tensión de tenerme encima siempre
no dejarme tranquilo y a mi antojo
hacer tribunal de cada gesto:
ser reo, testigo, juez, y parte.

Amanecer con el verbo
persistir en el ser
insistir en estar
plenamente
en cada momento
aunque duela la punta
de la espina de cada instante
aunque el pensamiento
desea volar hacia el sur
declarado el invierno
y rendirse a la evidencia
del fácil deslizamiento
sobre la tabla de las horas
cuando justo entre-este-minuto
y-el-minuto-siguiente se abre
la ventana única con sabor
a tierra fresca lejos
del viento que todo lo arrasa
ahora que necesito forjar
un ancla sólida que
me permita fondear
en la vida, piensa,
piensa que cada segundo
es una naranja que rueda
veloz llena del jugo

de la existencia, corre
tú también tras ella,
te pertenece el vigor
de esta idea persistente.

No puedo vivir siempre
de perplejidades, tachando
cada certeza porque es provisional
y haga lo que haga todo
me conduce al principio.

Porque los días se arrastran
como plegarias desatendidas
y lo oscuro es todo
lo que queda por delante
hasta este momento preciso
en que digo solo lo que hay,
esto, que pasa
y se pierde sin remedio
como una exhalación.

Enunciar el mundo sin contundencia.
Que nada quede nunca atrapado
por un verbo. Nada sujeto.

Sin embargo tropieza la realidad
una y otra vez con sus impedimentos
porque no es sueño, solo deseo
limitado por la gravedad de su peso,
intención sujeta a las probabilidades,
imperfección que pretende desafiar
a lo perfecto, y se condena así
al error permanente,

es lo justo,
no le corresponde la luz
que todo lo ciega
solo una dosis mesurada
de claridad en contraste
con la sombra.

No sé cómo buscarte dentro de mí,
niño que fui: si debo escarbar
David Huerta, *Los instrumentos de la pasión*

Aquellos lejanos balbuceos
la sílaba repetida
　　　el tarareo

un moco de agua resfriada
que cae y explota en la mano pequeña
dedos sucios
rodillas peladas
voces cercanas que llaman
　　　　　　quizás a la merienda

cajas de cartón
que trazan un laberinto
en el regazo
de la cocina de baldosas
　　　　　　rojas

esa niebla azucarada

el implacable reloj de agujas
fosforescentes
y
el inicio del borrado sin tregua.

Mirar como la estatua
el todo inmóvil
paralizado
el tiempo escuálido
sin interferencias

dejar que transcurra el polvo
en los objetos

ser detenido, no muerto,
sin aire ni sustento
por la eternidad completa

replegarme a la esencia
al interior pétreo
y oscuro

salir, solo, apenas,
al frío que paraliza
a la espera que nada
alberga.

Este conocimiento es una herida que supura
tira de residuo y sangre coagulada
chilla como animal que recuerda la brida
el bocado el látigo la espuela

y también añora, siempre,
sus pezuñas toscas
la limpidez de lo simple
el consuelo de no hacer
nunca pregunta alguna
atento solo al tacto
de la mano caliente
que acaricia el lomo,
la vista fija en el camino recto,

este conocimiento que ahora es infinito
no tiene nombre ni medida ni dirección
no huye pero escapa.

Todo esto que soy
que parece una consecuencia
el resto de la resta
lo que quedó
lo que aún no ha sido extinguido
lo que permanece
hasta que sea arrasado
por el momento siguiente...

pide, suplica,
un asidero para la memoria
el enredo de un zarcillo
su alma vegetal que quiere
ser árbol longevo, roble viejo,
inmune a las estaciones
a la plaga del tiempo...

para dejar atrás
estas palabras testigo
sombra de la sombra
sencilla baba de caracol
que se cristaliza
al viento leve de la tarde.

Este día sentenciado
desde la primera luz
que me rechaza
corroe las palabras
distorsiona el sentido
acalla cualquier esperanza
antes aun de ser formulada

qué implacable su oscuridad
escondida, acechando
un mínimo atisbo
de mi aliento

solo es pena y dolor
celda en sombra
sin sol que la matice

la mañana de condena
la tarde de condena
hasta llegar a la noche
clausurada.

Un salto al vacío de la indiferencia
abismo donde caen ralentizadas
flores mustias sentimientos blandos
objetos olvidados en los desvanes
que ya solo el polvo visita,
aquello que se sabe inútil
y perdió la inercia, la trayectoria,
flecha floja que inicia
el declinar de su curvatura,
besos que solo son labios
cuerpos perdidos en sus extremidades...

todo eso caerá sin sonido hacia un fondo
que a nadie interesa
y de camino, tal vez, por una indulgencia
se disgregue en el aire
se transforme en ráfaga de viento que pasa
de noche, mientras todos duermen.

Todo queda a resguardo, protegido
por este cuerpo que no avanza
que defiende

a mi espalda
en el margen lo certero
fuera de foco la imagen
el retrato de mi cara
la mirada que delata
lo que no digo.

Me escondo en mí, aquí dentro,
acurrucado en esta pequeña isla
sin puente alguno
ninguna unión
que una con nada.

He despejado el camino para
una soledad garantizada, solo
piedras sin alas en la quietud
sensación permanente de cristales
agua en la prisión de la vasija rota.

Se siente la pulsión de lo inmóvil
acechando a la espera del fin
de la tregua anunciada
tensos
los músculos del hacer
dispuesta cada célula
a saltar empujando a la vida
a todas y cada una
de sus manifestaciones

ahora es lo que hay
en el ahora suspendido

el futuro es dueño del aire,
ahoga su lejanía incierta,
la exigencia urgente
de arrancarse esta piel
y dejarla tendida
a mis espaldas

es una carga atroz,
imposible
resignarse a lo no hecho
demasiado el peso
de las palabras no pronunciadas

el tacto intocado
las miradas
perdidas en la distancia.

Mi cuerpo como un latido
se extiende y se encoge
                    va moviendo sus partes
con el fluido mecánico
de las pulsaciones

nada está quieto
la vibración
se lanza con violencia
hacia los extremos
explota en movimiento de espasmo
sin control sin forma sin orden.

Intento un paso firme
con destino fijado pero es
inútil detenerse un instante
todo se abalanza
contra el todo
apenas consigo
una lágrima crispada
la tregua
de la razón que no
me sostiene, testigo
solo de mis evoluciones.

Esta mano que habla
es la única que comprende.

Pesan demasiado manos y pies
los extremos, nariz, orejas
pestañas en los ojos, labios
en la boca, todas las bifurcaciones
que asustan con sus posibilidades.

Un ansia de tronco duro
sólido y permanente
reclama la expresión sin huida
el término exacto
conclusión inexorable
certeza de hueso firme
que sostiene toda la apariencia.

Acaso el singular se rebela contra
la fuerza implacable de los plurales
su dispersión de mayoría, su fe
de grupo, horda y rebaño, todo
lo que abre sin tocar nada
en la piel extensa del desierto
inabarcable de la presencia.

Irrumpir en la soledad como estratega
con el objetivo claro
y la lengua bien afilada
gritar
como gritan los objetos dormidos
su esencia, el valor
de la cosa que no se rinde
e impone su presencia,
ser árbol con raíz, viento
que deshoja el otoño,
arco de rama que se tensa
y lanza, lejos,
el pensamiento modulado.

Amenazo con perdurar
en mi memoria, recordarme,
no abandonar la piel en la muda,
ni desdecir ningún acto,
ni ese,
escondido entre las espinas,
menos aún los arrepentimientos.

Huellas que arrastro en vela
desfiguraciones del rasgo
figura desdibujada.

Todos mis tiempos en el espejo
desde el arañazo al beso
con las pérdidas de sentido
y todas las creencias defraudadas
cada arruga
en su lugar exacto, penas
y sentencias exculpatorias.

Ser ese desastre
que se esconde,
pellejo de lo que fui
carcasa de anatomía.

El desperdicio de la tarde
lo que quedó por terminar
y quizá se olvide
o nunca arranque de nuevo
con el temblor de lo inconcluso...

bosquejos, borradores,
páginas arrugadas en la papelera
pensamientos que no fructificaron
lo dejado atrás
con sus olores crudos
de guiso apenas comenzado...

me aplasta
con su gravedad incierta
se acumula en algún rincón
a la espera
cargando su fuerza
para reaparecer,
como duda,
o perderse sin remedio
en la incógnita de la noche
que se acerca.

Una luz oportuna va tejiendo la fragilidad
de las pequeñas cosas escondidas
entre la maleza agotadora
que amenaza con devorarlas.

Son brillos inesperados, delatores:
la resistencia al óxido de una chapa
un gollete roto de vidrio ambarino
media vuelta de alambre desechado…
formas insinuadas de objetos reconocibles
camino de la desmemoria,
pero aún dicen, aún expresan algo.

La mirada se esfuerza en el rescate
ese modo de amable arqueología
que busca una razón en el deceso
y otorga un historial, una secuencia
imaginada del acto de tirar,
dejar de lado, abandonar a su suerte
y a la tierra lo que no cumple ya
su cometido.

Pasa el espejo por la estancia
buscando mi figura pero
me he ido, no estoy
apenas queda mi ausencia
en las cosas inválidas:

la última huella seca
en el pomo de la puerta,
una pisada de barro
en la alfombra vieja,
una mirada que buscaba mis ojos,
un gemido ya hueco
sobre la cómoda vacía
con sus cajones abiertos

pero no estoy, me he ido

el espejo cierra ahora sus ojos
renuncia a buscarme
no quiere ni mirar
mi ausencia en las cosas
que me acompañaban
y quedaron abandonadas.

Cuando ya no queda tanto tiempo
como se desearía o se teme
una costra dura se instala
entre las capas de las pieles
diversas
la que contorna el cuerpo
la que perfila la mente
y entonces todo se va quebrando
se raja
reclama

lo malversado
lo suprimido
lo abandonado
porque entonces
tampoco había tiempo suficiente:

esa inquietud que tanto
suplicaba.

La huella letra
que ralentiza
evitando la meta
que se extingue en
su objetivo.

Matizar el grito
para sanar el instante
cauterizar la grieta
retener el aire
con una inspiración prolongada

aguantar un poco
más
un poco más
todavía.

Si tú no llueves

todas las lágrimas
que tengas guardadas
para no rasgarte
y que te anegaron por dentro
convertidas en raíz de tristeza
como borracho tambaleante
que ha olvidado por qué bebía y bebe
con esa dureza adiestrada
de negarte el sufrimiento
aguantar en pie aunque estás caído
derrumbado
demolido

no esperes a la tormenta
llóralo todo
llora, ahora, llora.

Ser completamente
sin resquicio alguno
con todas las magulladuras
los golpes las heridas
la sangre toda que se perdió
en los accidentes predecibles
por el riesgo asumido.

Ser indefectiblemente
con las estrecheces
insuficiencias
la tendencia al error
la inconsecuencia
la vagancia el desvelo
la persistencia y la ira.

Ser así, no de otra forma,
permanecer en el cambio
esforzar el párpado
abierto
con la luz y la sombra
mientras todo aparece
y a la vez desaparece.

Tiembla la palabra esclava
duda de los eslabones
que la sujetan
se enfrenta sola
a la pérdida de sentido

desvalida
separada del contexto
llena de posibilidades perdidas
vaga difusa
hacia la indiferencia

dócil como las cosas
que han abandonado
sus utilidades.

Todo lo que dices caduca
a un metro escaso de tu boca
que va chorreando niebla.

El silencio espera en el pecho
dolorido una oportunidad

esa verdad sin consecuencia.

Momentum

Nada fragua en este tiempo veloz
que va quemando los actos
uno a uno

cada gesto va trazando su intención
apenas
pero es sobrepasado
anulado en el inicio

se pierde se difumina
solo queda el ánimo de iniciar
dejar huella en el barro
provisional
durante la tormenta
verlo aplastado por los segundos
como gotas
inmisericordes:

ya pasó ya se fue
no queda ni la carne
ni el esqueleto.

La prisa de este sueño por su despertar
el orden que reclama, como si el miedo
lo indujera al decir apresurado del
                                        concepto
que va emulando
su caída en la certeza y el tedio
                                    de los relojes
la cobardía de la sucesión
la mirada brutal de los semáforos
el tremendo paso de cebra
la masa hormiga, el cementerio
de todos los alientos.

Decir solo lo que hay
el pensamiento en barbecho.

Va trenzando la memoria el simulacro
guardando una versión ocasional
lo paralizado en curso
que añade ceniza al hueso.

Se conforma con el fragmento
lo parcial, el recorte, la migaja,
un solo dedo de la huella torpe.

Le empuja siempre lo inmediato
el instante exprimido hasta la hez
hasta el ácido amargo del pellejo.

Nada debe pasar ni extraviarse
nada sin palpar ni oler ni
dejar de ver ni saborear ni
oír, nada debe escaparse del
momento. Nada para el después.

La palabra atardece
repliega sus sílabas, letra a letra,
se prepara para dormir
en sus significados

pero le cuesta entregarse
quizás teme perder en el sueño
de los hablantes alguna acepción
obsoleta, inadecuada
censurada

y debe la palabra resignarse
al progresivo despojamiento
tras la agonía de no saber
si despertará,
                y cuando lo hace
tal vez desnuda, casi recién nacida
se enfrenta a las tergiversaciones
a la diaria demolición del diccionario
que ahora practicamos
donde se llama amor a esa cosa,
entre dos, ya no tan elevada.

Desfallecen a esta hora los objetos
cansados de ser materia persistente
huyen de la fijación
abandonan la forma, exhaustos,
y se desvanecen.

Apenas un instante, lo que dura
ese gozo de ausencia mantenido
el intermedio que concede la duda
porque nadie creería que descansan
que se velan que se van
y permanecen.

Queda el aire en soledad,
a resguardo, con el informe
en polvo de las cosas
tiritando en la noche
mientras duerme el mundo
con la templanza de las horas
que nunca se fatigan.

Esas rocas que ya son noche
árboles sin perfil
luna negra
quietud
agua mansa.

Esas estrellas detenidas en el cielo
esferas en el eje
nombres sin voz
ideas
sin el cobijo de la palabra.

Esos pensamientos bloqueados
manos caídas
pies sin paso
aliento
reposo del sueño.

Esa soledad fermentada
niebla densa
espejo compañía
reflejo solo

y lo ciego.

Establece una distancia certera
a la luz exhausta de los días
un atisbo de sentido en este
amanecer que se desliza sin promesa
que apenas es deseo, fórmula,
intención, tensión, flexibilidad
sin objetivo, desencantado.

Siente el sendero
que va crepitando
que llama, quema
y dice tu nombre.

Acoge esta impaciencia.

Huimos hacia el mar
y tropezamos con las olas,
ahora sí acorralados,
de rodillas en la arena
suplicamos
explicaciones a esa madre
que no nos atiende
porque tiene demasiados
hijos en sus orillas
abigarradas

nuestros perseguidores,
a veces nosotros mismos,
sin prisa ya por alcanzarnos
se detienen pensativos
atrapados también
por el pensamiento dulce
de las soluciones,
interrogando
al eco que solo
devuelve perplejidades

la mar salada
por nuestras lágrimas
nos moja los pies

y aun así
no lo comprendemos.

Ahora que todo duerme
menos esta mano
que tiembla
sin tregua
para sujetarse
a cada letra afianzada

ahora que solo es ahora
en la noche
noche

espero la llegada
de la luz
que me clarifique
me defina
y
me dé
forma.

Ante la orilla alzan las olas
sus interrogaciones
un breve instante
y caen con estruendo las respuestas
casi repetidas casi iguales
como la eterna inquietud

¿quién es y en qué momento
el que las mira
el que pregunta y formula?

tal vez sea solo
una gaviota en su vuelo
buscando comida
hablando con otra
a grito pelado

tal vez el silencio
reclamando
su propio sustento.

Y es así como las gasta el mar,
a golpes,
las conchas de las caracolas
los féretros de los cangrejos
las espinas
de los peces devorados
nuestros plásticos
las ruinas de ladrillo
y cemento de las ciudades
para crear
las playas del futuro
antes claras
ahora sucias y oscuras
como premoniciones

no hay agua tanta
ni suficiente
para lavar este
desastre
mientras esperamos el clangor
de las trompetas prometidas.

Y si de esta forma
nos pronunciamos
porque tememos
que el aire caiga sobre
nuestros pasos y todo
lo rompa, entonces
será mejor callar, no
decir nada, censurar
hasta el silencio,
dejar que pase el aire
en el ahogo,
que todas las maldiciones
se pierdan, porque
no merecemos ni
lo oscuro
ni esta luz que nos
alumbra,

solo la boca abierta
en el grito
nos otorga la ansiedad
de esta calma
apresurada.

Toda esta sombra tuya
que ahora cae sobre mí
y me discierne
me cubre, me desvela,
añade a la oscuridad que
necesito
los matices que apagan
tanta luz deslumbrada
el espejismo que me pierde
la imagen que ya no
me sostiene
en toda mi insistencia

toda esta sombra tuya
que protege y ampara
y abraza y acoge
en este día despierto
que se dispone para
abalanzarse
sobre las cosas tenues
que me alimentan.

Como aúllan de noche los jardines
reclamando ser campo abandonado

yo me quejo con frecuencia del pensar
ordenado en renglones previsibles
que retratan la mano que los guía
y me condenan a ser lo que parezco.

En la sangre siempre está la herida
y en cada aliento anida su
                    cordura.

Como duermen los objetos en su quietud
ser solo presencia inanimada
que espera las incidencias

la lluvia que barniza la superficie.

No sentir. No doler. No ser consciente.

Ese querer dotar a cada gesto
de una relevancia que justifique
que salve, que revista, que adorne
lo que solo debió ser presencia
y se perdió en el arrebato.

Ser solo mecanismo.
Resorte que actúa.

El peso de la soledad
aplasta las palabras
las deja sin sangre,
pálidas, en agonía,
sin aliento
sin destino
buscando cada letra
aprisionada
entre otras letras
su vacío,
perdiendo así el significado
el rumbo y el sentido,
sonido solo, apenas eco,
apenas balbuceo de niño
que juega solo con
sus juguetes rotos
mientras pasa la tarde
y nadie llega, nadie,
solo las lágrimas silenciosas
con su cauce de cera
en las mejillas lastimadas.

Esa palabra que tacha, borra y esconde,
que con trazo ominoso sepulta
la vida escueta de lo vislumbrado,
refrena la sombra
sostiene casi cerrado el telón
aprieta contra su pecho el miedo
quiere proteger e impide
lo que debe ser evocado.

Esa palabra escudo y censura,
que comete el error de la boca
deja un rastro de tinta defecada,
corrompe la lengua
y al evitarlo alimenta lo oscuro
llama al diccionario ocultado
donde la letra pequeña confirma
los términos ruines del contrato.

Se ha producido un cambio
después de la espesura

con el cuerpo abatido
salgo al claro
donde la hierba
no acepta el combate

es joven la luz
fresca y renovada el agua
que suena en el torrente
cercano

la sed es el único
cauce

afianza las piedras
con tu paso.

Que nada en esta jaula me sorprenda
y menos aún los barrotes, forjados
por mi mano, dispuestos en orden
para el cautiverio ya permanente:
la línea regular de la sintaxis
el pensamiento parcelado y romo
los límites exhaustivos del miedo
la certeza de un vacío aquí mismo
al otro lado de la puerta cerrada
donde aúlla el viento constante
que no cesa de pronunciar el veredicto.

Como seres instantáneos
frotamos nuestros cuerpos
para hacer fuego
y mitigar los temblores

todo movimiento y pájaro
con las manos abiertas
apresando el aire

¡nos esperan tantos besos en los recodos!

te siento como entraña, amor.

Y así dejamos el lugar
desolado sin nosotros

qué triste se queda
la hierba aplastada
por los cuerpos

las manos sin los dedos
ya trenzados.

Todo lleno de palabras a rebosar
una tras otra sustituyendo la vida
ocupando los huecos libres hasta
no dejar espacio para nada
palabras y palabras
como lluvia de una tormenta que no cesa,
algo denso que tira y tira y no se detiene
un paisaje de palabras como selva
donde hay que entrar a machetazos
para descubrir que la selva continúa
adelante, palabras y palabras verdes
frescas, rebosantes, creciendo,
y tú contándolo todo para matar
el tiempo, atrapado entre palabras
que no dicen nada de ti, que solo
se dicen a ellas mismas, una trampa
de la que no se puede salir nunca,
palabras en la cabeza, en la página,
tiradas por el suelo, inscritas en
las paredes, espesas, hasta la noche
cuando sueñas con todas
las palabras que te faltan.

Hay alegría en el pensamiento mismo
en su ejercicio, sus evoluciones,
en el modo que tiene de alzar
o derrumbarlo todo
que impide
que se pudran las ideas estancadas.

Hay alegría en el pensar
aun hablando de tristezas y dolores
del desgarro de los días.

Sacrificamos el agua.

Y qué me dices del corazón
del órgano
¿no estará ya cansado
de tanto latido,
el cuerpo agotado de estar,
cada parte por su lado
pidiendo un receso
la dejación de sus funciones asignadas?

Cuántas veces he pedido una tregua
un dormir un poco más largo
la renovación de las células rotas
la reparación de lo averiado.

También
esta mano debería dejar
de decir, estarse quieta
sin más letra ni palabra
ni idea alguna que insista
en ser pronunciada.

Pero ay el pensamiento
que nunca me deja en paz
como un niño inquieto
que a cada paso va
inaugurando la vida.

Residencia

De pronto la vejez
aluvión de carne
que se va escurriendo
cuerpo abajo
y deja estrías
como cauces
hacia la tierra,
mar oscuro
que abre la espera
bajo los pies

con olor de aliento
gastado
que surge
de un interior
en retroceso,
uva pasa fermentada
que ha eludido
la cosecha

y qué decir de la piel
dormida
al aire y la caricia,
cuero blando
de color otoño,

ajada, quebradiza,
como idea ya
olvidada.

Mira las formas que adopta
la vida cuando se disgrega.
[...]
Toda la vida y su fatiga.
Eugenio Montale, *Huesos de sepia*

La vida fatigada que llora
su impotencia ante nosotros

queriendo empezar y acabar
en un mismo gesto
y así nada acaba de empezar
y así acaba con todo

hasta que se arríen los días
agotados del intento cruel
del invierno
que se acerca gélido, inevitable.

Caricias sin argumento
piel sudada que se extiende
como masa de pan
mientras la mente se repliega,
pasos en la sábana de aire
manos agarradas al instante,
no son, pero parecen,
algo más que cuerpos
que se debaten
contra la sombra
en un ritual de carne
desatada, desasistida,
que afirma su negación
en la pelea,

y pasa la tarde fulgurando
oscurece la ventana
se confunden las manos ahora
sujetas al miedo de la quietud
lloran, lloran
enfrentadas al futuro
que se cierne sobre ellos
que los separa,
ropa apresurada en el suelo
el silencio de losa que les queda

argumento sin caricia en
el baño restregado, la puerta
casi ya la puerta
miradas bajas
en la corta despedida.

Ahora que todos van cayendo
y la cola hacia el barranco es
cada vez más corta
echo de menos las alas
que me sostenían en vilo
las piernas de roble ancho
los brazos de arco tenso
que lanzaban abrazos a
                        cualquier distancia
la sangre espesa
que cauterizaba las heridas
nuevas o anticipadas,

pero es justo, y necesario,
llegar aquí roto
en ruinosa carcasa
con apenas vigor
ni esperanza
para dar ese salto
definitivo.

Ya no sueño con el mar
solo con ríos mansos.

Esos viejos pasos cansados
que van arrastrando
por las alfombras los días

esas sonrisas quedas
a media asta

esa caricia, pausada,
los besos al cruzarse
en la escalera

ese silencio tranquilo,
las miradas,
los ojos que recuerdan
y saborean

esa presencia, permanente,
tan segura como el aire
que los rodea

todos esos alientos que les quedan.

En la residencia, una anciana
demente repite repite repite:
LA ROSA QUE TÚ ME DISTE

Cómo podrá saber que esa noche es la noche,
cómo podrá distinguir con los párpados cerrados
si el pensamiento quieto alberga una grieta de salida,
si los músculos de sangre encharcada no se han rendido
todavía,
si una sola palabra articulada reclama su dudoso significado.

Aterida, fría, helada, inerte, en la espera detenida:
cómo pronunciará la claudicación
cuánto aliento le quedará para decir,
si lo recuerda, al final, su amado nombre.

Ven un momento
consuélame de la vida
que no me sienta solo
que haya una piel junto a mi piel
un latido a mi lado
una palabra
o un silencio elocuente
una mirada abierta
una sonrisa que llama
una llama como la mía
un juego sin norma
un tiempo detenido
ven
ven a mi lado
estemos
seamos
que los cielos corran
su desenfreno
mientras nosotros
somos
fuimos siempre
solo nosotros
solos.

Y todos estos kilómetros de piel
que tienes extendidos sobre
tu incógnita,
y las yemas lentas de mis dedos
que vagan sin rumbo por
ese territorio extenso
buscando vibraciones,
y el terremoto la ondulación
la súbita vuelta de cara
de espalda de frente de costado
hasta el suspiro que se
entrecorta,
y esta palma al completo
que entonces coge, sujeta,
alza, pronuncia con fijeza
tu nombre,
y todas las palabras de rocío
que iluminan la penumbra
cayendo como en marzo,
de pronto, la primavera.

Para decir tu nombre me basta
con respirar, un poco,
apresuradamente,
y susurrarte
casi sin aliento...

pero estar ahí, en tu nombre,
habitarlo, recorrer sus planicies
y sus montañas, letra a letra,
degustando salivas y jugos
buscando una sed
intermitente, de ojos cerrados...

es preciso nombrarte
para llegar al precipicio
donde el salto hacia ti
resulte inevitable.

Amor, mi nombre está
a salvo en tu boca,
guarda con la ceniza
el recordatorio
de nuestra infancia dilatada,
no te olvides de este calor
bajo las mantas,
de mis brazos
en las noches acogidas.

De tanto mirarlas ya no las ve
consumidas por la presencia,
la lámpara fundida con el techo
el jarrón con la pared, la silla
con la ropa que cuelga, la ventana,
esa única ventana, propiedad
del cielo mitigado por la cortina
   cuántas veces suplican sus cejas
elevadas, sus ojos saltones, que
alguien descorra la cortina
pero nadie la entiende
   pasan las horas entre manos
atentas que la giran en la cama
le cambian las sábanas, limpian
su cuerpo desfallecido, insertan
comida en su garganta con una
enorme jeringuilla de puré de verduras
y los días, las semanas, un domingo
   alguien trajo una flor verdadera
que al menos se va marchitando
ilusiona verla morir poco a poco
pétalo a pétalo cae sobre la mesita
de noche, de día, de noche, de día
hasta que la retiran y vuelven
a repetirse los objetos insistentes

mira mis ojos, mira mis cejas
las manos crispadas, corre la cortina para
que el cielo corra, el cielo, el cielo
¡el cielo en la ventana!

Si tú y yo, ahora
que hemos desdoblado
la esquina del tiempo

logramos restaurar el reflejo
donde mirarnos de nuevo
con estas caras estrenadas
para la ocasión,
irreconocibles de momento,
estas caras que piden una
costumbre de verse y ser
identidades compartidas
tal vez, solo tal vez, lo presiento,
renacerá lo incomprendido
el no saber entre nosotros
el ignorarnos, y luego
de pronto descubrirnos
y querer, más que nada,
conocernos
en esta irregular asimetría
nuestra

dime ahora cómo te llamas yo
te diré mi nombre
y podremos comenzar.

Mira lo cercano,
la proximidad es esperanza,
una rodilla junto a otra rodilla
definen lo invulnerable,
la carne se aprieta al hueso
el ojo se afina

el valor del segundo que viene
se diseña con precisión
en esa sonrisa tirante
los ojos achicados
la potencia de las gargantas
ese grito plural
que permanece encallado.

Sueña, en este momento exacto
de fuerza acumulada
con el vigor de tus pasos
la tenaza de un abrazo
la ventosa del beso
el poder
indiscutible
de aquellos deseos
entonces abandonados.

Regresas a la infancia escondida en los armarios
cuando el cuerpo pequeño se encogía
la respiración en suspenso
los ojos abiertos a lo oscuro
los oídos preparados
pero no venía nadie a buscarte
de tan escondido eras invisible
y sentías miedo a perderte
disolverte en la espera
y te tocabas:
aquí mi mano aquí mi cara mi boca y mis orejas
hasta que el miedo te hacía llorar
y las lágrimas sonoras te delataban.

Ya eres carne solitaria sin testigos
apaciguada apenas por la ropa
frontera que protege de las cosas
límite de los cuerpos confinados
carne que suspira por otra carne
carne a sí misma abandonada
carne luminosa que se sabe solo carne.

Como el vaso de Lao Tse
esto es útil por su vacío
la parte hueca que puede ser habitada
tierra negra que esconde sus fertilidades
donde solo llegan los gusanos ciegos
como mi sangre alcanza los órganos oscuros:
el que limpia el que supura
el que inyecta el que pudre
el que arroja al exterior
el que late cansado
y a la espera.

Hoy, ese viejo chaparro que grita tanto,
ha pasado el día entero solo y sin zapatos
en silencio
escuchando el roce del aire
contra su cuerpo abotargado por la renuncia
con esa sensibilidad hiriente, extrema y cruel
que respira espinas
con su pensamiento anguloso
arañando las paredes

no ha querido comer el puré de zanahoria
ni la pechuga de pollo a la plancha
solo ha abierto la boca para
llamarle puta a la manzana asada
tampoco
ha merendado ni cenado nada

roncaba tanto en la noche
que su puerta
latía.

La memoria va quedando en el olvido
las horas tiradas por el suelo
la sucesión de los minutos en las miradas

qué incompleta ya
la vida en su transcurso

los cuerpos las carcasas nos movemos
hemos transitado hacia esta despedida

nos ha citado aquí la niebla
con ojos de catarata vieja
dentro de su ropa cansada.

Bifurcaciones

No entiendo el idioma extranjero de las cosas,
yo, que solo soy asombro y extrañeza,
mente sin ventana
incapaz
para las sustentaciones.

Quizá sirva que otros viven
lejos de aquí, en alguna parte,
entre niebla o bruma también
tanteando este amanecer indeciso
que duda si seguir adelante

ofreciendo el consuelo
de los cuerpos compartidos

con dos ojos dos manos veinte
dedos y ruido en la cabeza.

Cielo,
nada me conmueve.
Luis Santana, *Breviario*

Traslucidez
de tus ojos mudos
              tocaría
la piel densa, las escamas,
dormido entretanto
si te levantas y vas huyendo
pero no
pero no
la quietud sobresalta el cielo
caen esquirlas romas
nada me corta.

Ya no están en el refugio
vienen a llamarte antes
de la espera cuajada,
y suenan todos los timbres
las trompetas
los timbales.

Viento consumido
montaña en golpe de roca.
El sol tardío
ha inundado la llanura.

Nos levantamos.

Residuales espejismos
todavía sueño,
regreso a la materia
que consume.

A campo abierto
las bestias pacen
toda la calma.

Ahora que descanso tieso en rama
fulgurante en la tarde
acompaña
a otro ojos suturados.

Los nadie suplican atentos
multitudes
colgajos de ropa aventada.

Un sabor de savia recorrida
tierra seca   escarabajos
en los vientos sin susurro
las horas quietas.

Lo singular pronuncia
el esqueleto de un verbo
y claman los mendigos
el pan ácimo
las ceremonias olvidadas.

...Somos
copias auténticas del natural imaginario.
Pedro Provencio, *Deslinde*

Yo no soy
pero me digo
en esta mudez
alambicada
que rehúye decir
lo concreto.

Abandonado a mi suerte.

¿Quién calla
mientras mis oídos
de tinnitus
contienen todas las notas?

Es intención
         de tambores
manos y manos y manos
golpeando la tarde
obligan al sol
a esconderse avergonzado.

Abrasada
triunfante
soledad
Pilar Adón, *Da dolor*

No quema. La boca
y la ternura. Solo
acompaña este susurro
permanente. Su vibración
sin refugio. Ni frío.

Sobredosis de sin embargo.

Alumbra el camino la pestaña
adherida al párpado amanece
retiene perfiles y formas
ilumina lo perplejo, dice
                              y nombra
se abre a lo que incurre
a lo que atraviesa
desafía y trastorna
deja hilo de araña
acero frágil, sendero.

Corta cuando cae, matiza
marca la línea de su sombra
establece el contorno del miedo
por el asombro habla, retuerce
enfoca y desenfoca, se ofrece
acaricia y ciega, sabe también callar
pero siempre estremece
cuida, desgarra, canta, sin tono
aquellos gritos ancestrales.

Vuelven las campanas en silencio
a tañer las horas sin eco
trastorno de la noche dilatada.

Se oye su reclamo que abre huecos
que deja entrar esa quietud
que se abalanza
contra la raíz marchita.

Ya hubo esta insistencia.
Ya fue quebrantado.

El miedo suelto de nuevo.
Como metal frío
que congela la sangre
más ardiente

incluso el aire
desprotegido.

¿Cuál es el verdadero valor del
conocimiento? Que hace que nuestra
ignorancia sea más precisa.

Anne Michaels, *Piezas en fuga*

No se me abra esta noche espesa
de oscuro betún que todo lo ocupa,
hasta mis pasos devorados, sordos,
detenido al borde de las zarzas
hay
una luz
minúscula a lo lejos
una casa que parpadea
quizás gente, un alma solitaria
que espera mi llegada interrumpida,
apenas
este aliento
que señala mi presencia
los músculos ateridos buscando
una energía que no llega
no sangre no bocanada
sin avance posible, en tensión,
mientras aúllan los miedos
me rodea lo incomprensible
y este grito que no vence esa distancia
no soluciona nada de nada,

frente a la espalda.

Como un allanamiento
de la realidad...
David Foenkinos, *Dos hermanas*

Este allanamiento
de la realidad

todos los caminos que no
conducen sino al camino
de los retrocederes

como el último botón
de la ropa, que desvela
el blanco pecho escondido
la luz aterida

en él toda la rabia
todo el sustento.

Como cavar una madriguera para
llevar después una vida de pájaro.
Ricardo Menéndez Salmón, *Homo Lubitz*

Pájaro soterrado, gusano alado,
reloj de carne:
esta conciencia puede ser abatida
si saco el interior al exterior
si leo el paisaje con la víscera
si es destronada la razón, y ladran
los refugios y las cuevas
en este monte de lo desolado.

...me expliqué el sueño diciendo
que había sorprendido a la estancia
durmiendo.

Anne Carson, *Decreación*

Me levanté
sorprendí a la casa durmiendo
y supe
que ella soñaba con mis pasos
mi respiración —ese aliento
suspendido—
el latido diario de todas esas
tribulaciones.
Tuve que detenerme. Escuchar
sus tenues crujidos
las vigas de madera que se reajustan
después de un día soleado.
Quieto. Ella preguntando si debía
seguir sin mi presencia.
Nada era verde como en Carson.
Amarillo. Marrón de tierra,
tierra que me espera.
Quizás entonces desperté.
Salí. Escuché de nuevo.
La quietud me dio miedo y regresé.
A la cama. Temblando.

Porque ya hemos dormido suficiente
y la noche larga se ha extendido
más allá del alcance de la mano
donde los dedos ruidosos no alcanzan
donde la mirada perdida no tiene sentido

descalzos como búhos
hemos mirado la luz, sin entenderla,
para poder asirnos a algo
que escapaba de las sujeciones
que agrietaban los ojos ciegos

entonces han venido los pies como garras
nos han llevado lejos, en vilo,
al territorio de lo verde florido
y hemos llorado de alegría
llenos de intuiciones y miedo
esperando en el reflejo del agua
que regrese de nuevo la noche
y nos consuele de esta pérdida
enorme, desmesurada.

Todo este esfuerzo para vocalizar,
para decirme algo, digo, y saber de mí
la diferencia, si hay, con ese árbol,
con la hierba, con el petirrojo que salta,
la araña en la claraboya tejiendo,
el que corta con la radial ensordecedora,
todos vivos haciendo
cada cual su lenguaje
manifestación y grito
no me dejéis solo
no me dejéis solo
cuando me quede quieto al fin
y se borren mis inflexiones, dirán,
tal vez una lágrima que resbala
y luego, ¿te acuerdas?, era, fue,
como una exhalación su caminar
sobre las alfombras amortiguadas
ya no crujen las maderas
pasó el viento de su paso
dijo entonces, ahora digo, para
saberme algo, un poco,
todos vivos haciendo
hacia la noche, intermitentes...

No me molestaba tampoco la sombra
que me siguiera con sus recordatorios
las visitas al despojo del pasado
cuando todo era tersura y sangre abalanzada
los restos resecos y torpes de añoranza
—nunca echo nada de menos—
pero sí que el sol se achicara con las horas
los recuerdos acortados
el borrado y su transformación
—siempre queda lo imprevisto—
una acumulación de negaciones
la culpa injertada
imposible huir tan lejos de sus acumulaciones
esa presa tenaz que impide
el curso regular de mi río
tal vez —la duda que me conforma—
lo que me irritaba era la interdependencia
su cualidad de cosa que se arrastra,
con demasiada frecuencia yo era ella
y ella me mantenía en pie
—¡cuidado con tu sombra!—
pero con pena indudable
mi parte de espectador del gesto
me reprochaba
que ambos dependamos de un alimento

albergado en el aire
solo el paso nos mantiene
—al menos que sea en vilo—.

La gente va y viene
también los pájaros
mientras espero
junto a la farola

ninguna idea por ninguna parte

una ráfaga barre el suelo
levanta un papel, pequeño,
el envoltorio de algo, tal vez
un caramelo de fresa, tiene
un tono colorado, se lo lleva
unos metros y lo deja quieto,
también él espera que vuelva
pero no lo hace, de momento,

las hojas de los ginkgos
se balancean suavemente
pero también se detienen,
también esperan... nada
          y de pronto no pasa gente
no se oye a los pájaros
apenas mi respiración pero
la contengo, no pestañeo,
tal vez una idea, ahora,
     nada
     espero

no haberme equivocado de lugar
o que no sea demasiado tarde.

(Justo aquí, en el interior
de este paréntesis,
todas las voces que han sonado
a lo largo del tiempo largo
permanecen suspendidas en el aire
son aire
y cuando respiras penetran en
tu mente y la oxigenan
la nutren y generan pensamientos que,
si son pronunciados,
quedan a su vez vagando a la espera
de que alguien inspire con fuerza
y se los incorpore
los matice en su interior y
los devuelva modificados
casi iguales pero propios
personales. Suyos, tuyos,
nuestros. Aprovecha.
Di algo.)

Índice